Die Provenienz der Kultur

Fröhliche Wissenschaft 135

Bénédicte Savoy

Die Provenienz der Kultur

Von der Trauer des Verlusts
zum universalen Menschheitserbe

Aus dem Französischen von Philippa Sissis
und Hanns Zischler

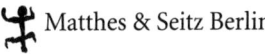 Matthes & Seitz Berlin

Der Text basiert auf der Antrittsvorlesung von Bénédicte Savoy am Lehrstuhl für die »Kulturgeschichte des künstlerischen Erbes in Europa zwischen dem 18. und dem 20. Jahrhundert«, gehalten am Collège de France in Paris am 30. März 2017. Das Manuskript wurde für die Veröffentlichung bearbeitet und erweitert.

Kunst, so ist gelegentlich zu lesen, verleihe Mut, gebe Kraft oder rufe Glücksempfindungen hervor. Die toskanische Freskomalerei des 15. Jahrhunderts gewähre sogar »intellektuelle Sicherheit«, wie der große Kunsthistoriker Henri Focillon einmal bemerkte.[1] Was es mit der »intellektuellen Sicherheit« auf sich haben mag, wüsste ich für meinen Teil vor einem Werk nicht zu sagen; darüber wäre gemeinsam und ausführlich zu sprechen. Eines freilich weiß ich – dass es intellektueller Sicherheit bedarf, um vor Ihnen, hier am Collège de France, und in diesem Augenblick, das Wort zu ergreifen. Diese Sicherheit, oder der Mut, wenn Sie so wollen, möge mir von drei Skulpturen zukommen, die sich sonst auf meinem Arbeitstisch in Berlin versammelt finden und dort gleichsam einen Teil meiner natürlichen Umgebung bilden. Wie alte Freundinnen haben sie mich hierher begleitet, um mit mir diesen riesigen Vortragstisch zu teilen – wohl der längste und beängstigendste seiner Art in der Geschichte des akademischen Mobilars. Und noch etwas anderes teilen sie mit mir, die ich nach

24 Jahren von Berlin in meine Heimatstadt zurückkehre: ein Gefühl der Entfremdung.

Entfremdung stellt sich ein, wenn ich etwa in meiner Muttersprache Dinge behandle, die in einer anderen Sprache Gegenstand meines Denkens sind. Von einer Sprache in eine andere zu wechseln, das ist der Übergang von einem Denken in ein anderes, von einem historischen Zusammenhang in einen anderen, von einem kollektiven Gefühls- und Orientierungssystem in ein anderes;[2] um sich bei jedem Übergang innezuwerden, wie die Wahrnehmung der Dinge und des eigenen Selbst Gestalt gewinnt, sich verwandelt und neu ausrichtet, sobald man auf das Andere, auf den Anderen sich einlässt; um mit jedem Übergang in der Gewissheit bestätigt zu werden, dass es so etwas wie »natürliche«, unverrückbare Identität nicht gibt. In Berlin heute zu Beginn des 21. Jahrhunderts zu leben, das bedeutet, kontinuierlich mit den allgegenwärtigen Spuren der nationalsozialistischen Vergangenheit Deutschlands konfrontiert zu sein; seit fünfzig Jahren ist sie Gegenstand einer beeindruckenden individuellen wie kollektiven Erinnerungsarbeit. Es bedeutet aber genauso, auch das Erbe des Kommunismus anzunehmen, in selbstverständlicher geografischer und historischer Nähe zu Osteuropa, in einer Stadt, die seit der Wiedervereinigung der kreativen Jugend der Welt offensteht und seit zwei Jahren auch den Familien, die vor den Kriegen im Nahen und Mittleren Osten fliehen. Um Auswanderer wie mich zu bezeichnen, gibt es im Französischen das unschöne Wort »expatriés«, das die Wörterbücher des 18. Jahrhunderts als Synonym für »Abwesende« anführen.[3] Abwesend für die einen, anwesend für die anderen: Auch darin teilen Exilierte (*expatriés*) und kulturelles Erbe (*patrimoine*) ein gemeinsames Schicksal. Doch genug von mir. Lieber möchte ich Sie mit den drei Skulpturen, meinen alten Freundinnen, bekannt machen, die über eine ungleich bedeutendere Erfahrung des Exils verfügen als ich selbst.

Bei der ersten handelt es sich um den Kopf des Echnaton, Gemahl der Nofretete und wahrscheinlich Vater des Tutanchamun. Die Skulptur wurde vor rund 34 Jahrhunderten von einem ägyptischen Künstler geschaffen und vor mehr als hundert Jahren im Sand Tell el-Amarnas von einem deutschen Archäologen entdeckt. Als sie 1913 auf die Berliner Museumsinsel gebracht wurde, elektrisierte sie die künstlerischen und literarischen Avantgarden ebenso wie die ersten Vertreter der Psychoanalyse, von Rainer Maria Rilke bis Thomas Mann, von Sigmund Freud bis Karl Abraham. Damals wurde vermutet, dass Echnaton und Moses, der erste Prophet des Judentums, ein und dieselbe Person waren. Seit

Gipsmodellkopf des Königs Echnaton,
18. Dynastie, etwa 1340 v. Chr., Amarna,
Höhe 26 cm, Berlin, Staatliche Museen zu Berlin,
Ägyptisches Museum, Inv. Nr. ÄM 21351.

1914 verkauft die Gipsformerei der Berliner Museen eine Kopie von Echnatons Kopf, von Hand bemalt und auf einem kleinen Sockel. Allem Anschein nach verkauft er sich gut. Mein Exemplar stammt aus dem Jahr 2012.

Das Zweite ist eine Perlenskulptur aus der Region Foumban im Westen Kameruns. Ihr Kern aus Holz ist mit Stoff überzogen. Darüber trägt sie eine Stickerei aus bunten Perlen und eine Krone aus wertvollen Muscheln. Perlenstatuen gehören zu den bekanntesten Kulturgütern der Bamileke, insbesondere des Königreichs von Bamum.[4] Man findet sie in allen Museen der Welt, im Pariser Musée du quai Branly, in Berlin, in Genf, im Metropolitan Museum of Art und im British Museum. Seit dem 16. Jahrhundert stammen die Glasperlen, aus denen sie gemacht sind, überwiegend aus Murano. Bei meinem Exemplar sind die Perlen aus Plastik. Als ich die Figur fand, stand sie in der Vitrine eines Geschäfts in der Knesebeckstraße, in der Nähe der Technischen Universität in Berlins Westen. Sie hat einen abgebrochenen Fuß. Der Verkäufer, ein Deutscher, konnte oder wollte mir weder über ihr Alter noch über ihre Provenienz Auskunft erteilen. Ihr Fuß ist gebrochen. Eine nachträglich auf die Plastikperlen aufgetragene schwarze Substanz soll sie authentischer wirken lassen. Die Figur kommt sicher-

Trommler, Kamerun, 20. Jahrhundert,
Sammlung Bénédicte Savoy.

lich, wie ihre Artgenossen in den Museen, aus Kamerun, doch sie wurde offensichtlich für den Export geschaffen, für Touristen. Mir ist das egal, ich liebe sie, wie sie ist.

Die dritte Figur ist gleichsam nur eine Erinnerung ihrer selbst. Es handelt sich um den Gipsabguss einer Statuette des 15. Jahrhunderts von Niccolò dell'Arca aus Bologna. Das Original ist seit 1945 verschollen. Seine letzte nachgewiesene Adresse ist der Flakbunker Friedrichshain, wohin die Sammlungen der Berliner Museen während des Zweiten Weltkrieges ausgelagert waren. Die Statuette zeigt den Franziskanermönch Bernhardin von Siena, der im Mai 1444 in L'Aquila starb. Er hatte die Angewohnheit, im Gehen zu lesen. Ein Bologneser Händler verkaufte die Plastik 1897 für 2000 Mark an die Berliner Museen, damals die Hälfte des Monatsgehalts des Reichskanzlers. Bis 1930 besaß der bedeutende Wiener Sammler Albert Figdor eine Replik des Originals.[5]

Das Bologneser Original verschwand entweder 1945 beim Brand des Flakbunkers oder es wurde von der Roten Armee in die UdSSR verbracht und verbirgt sich seither, wie Tausende andere Werke, in den Kellern eines Museums. Ebenfalls denkbar wäre, dass es von einem amerikanischen Soldaten bei Kriegsende als Souvenir mitgenommen wurde. Wir wissen

Gipsabguss des Bernhardin von Siena.
Das Original der Berliner Museen ist während
des Zweiten Weltkriegs verschollen.
Berlin, Staatliche Museen zu Berlin,
Gipsformerei, Guss Nr. 2192.

es nicht. Für solche Kunstwerke, deren Spuren sich verloren haben, sagt man im Deutschen, sie seien »verschollen«, abgeleitet von »verschallen«, d. h. »was kein Echo mehr hat«, »was aufgehört hat nachzuklingen«. Man könnte auch sagen, »was nicht mehr singt«. Von diesem verschollenen Original existieren heute nur noch eine Schwarz-Weiß-Fotografie und eine Negativform, angefertigt in der Gipsformerei der Berliner Museen. Aus dieser Form ist mein Phantom der Renaissance geschlüpft. Man kann die Narben des Gipses noch mit den Fingern ertasten.

Echnaton, Bernhardin und der Bamileke-Trommler ... Drei Werke, drei Semiophoren, drei Zeichenträger, wie Krzysztof Pomian sie nennen würde,[6] drei Ideen des Schönen und der Kunst, verbunden durch die Zärtlichkeit, die sie mir aus tausend Gründen eingeben ...

Wie zahllose andere in den Museen der Welt aufbewahrte Objekte haben auch diese den Raum durchquert, von Ägypten nach Preußen, von Norditalien nach Nowosibirsk, Irkutsk oder Oklahoma City, von einer Chefferie der Bamileke in den »Hörsaal Marguerite de Navarre« hier im Collège de France. Sie sind gereist, wurden beschädigt, restauriert, kopiert, abgegossen, verändert. Sie wurden Gegenstand symbolischer und realer Aneignungen, sie haben (für mich zum Beispiel) einen emotionalen Wert, aber auch eine kulturelle, historische, materielle, ökonomische, politische, lokale und globale Bedeutung. Vor allem aber: Sie haben die Zeit durchmessen. Echnaton ist etwa 3367 Jahre alt, von denen er 3280 im Sand verbrachte und 83 in einer Museumsvitrine, den Rest der Zeit während des Krieges im Bunker. Bernhardin ist ungefähr fünfeinhalb Jahrhunderte alt, er hat 45 Jahre im Museum verbracht, seit 72 Jahren gilt er als verschollen. Die Perlenfigur aus Kamerun ist sicher nicht älter als Sie und ich, doch versetzen uns ihre Vorbilder ins Afrika des 12. Jahrhunderts.

Aber: Je mehr ich darüber nachdenke, desto weniger gewähren mir diese drei Figuren die erhoffte intellektuelle Sicherheit. Im Gegenteil. Freilich verweisen sie als Kunstwerke auf Spiritualität und zeugen über zeitliche und räumliche Grenzen hinweg von der Schaffenskraft der Menschheit. So gesehen haben sie etwas Verlässliches und Sicheres. Und doch erfasst mich vor ihnen ein Gefühl der Beunruhigung. Denn diese Objekte erzählen auch, jedes für sich und in ihrem zufälligen Miteinander auf diesem Tisch, von Kriegen und Brüchen, von Erinnerung und Vergessen, von verworrenen Linien, von Eroberungen und Beutezügen, von eher beunruhigenden Geschichten also.

Und um ganz ehrlich zu sein: Von meinem Platz aus, hier vor Ihnen, meine Damen und Herren, bin ich mir nicht sicher, wer eigentlich wen anschaut. Ist dies eine Versammlung von Frauen, Männern und Kindern, mehrheitlich Pariserinnen und Pariser, ungefähr zwischen, sagen wir, 1932 und 2007 geboren, die ihre verschiedenen Blicke auf diesen ägyptischen Kopf, auf diesen Trommler aus Kamerun und den Renaissance-Mönch werfen? Oder ist es nicht vielmehr so, dass der Ägypter, der Kameruner und der Italiener uns anschauen, wie sie Generationen von Sterblichen vor uns angeschaut haben und wie sie noch weitere Generationen nach uns anschauen werden? Natürlich ist beides der Fall. Und die Beunruhigung, die dieser Blickaustausch zur Folge hat, ist eine positive Beunruhigung. Sie treibt uns an, mehr und Genaueres in Erfahrung bringen zu wollen. Sie verleiht den Objekten einen Wert als historische Quelle. Sie fordert uns dazu auf, das kulturelle Erbe als eine sich ständig erneuernde Begegnung zwischen den Sterblichen (das sind wir) und den – vielleicht beinahe – Unsterblichen (das sind sie, die Objekte) zu begreifen. Alles wissenschaftliche Forschen ist von dieser positiven Beunruhigung getrieben.

* * *

Seit dem Mittelalter gibt es ein deutsches Russland, ein italienisches Deutschland, ein normannisches Italien, ein englisches Frankreich. Lange haben Historiker wie andere Fachgelehrte daran gearbeitet, jeweils homogene, voneinander unabhängige kollektive Identitäten in Europa zu konstruieren. In jüngster Zeit hat man allerdings diese aus dem 19. Jahrhundert übernommenen Konstruktionen einer grundsätzlichen und systematischen Revision unterzogen. Die Theorien des »Kulturtransfers«,[7] der »histoire croisée«, der Verflechtungsgeschichte, der »connected«, »shared« oder »entangled histories«, wie sie im angelsächsischen Raum genannt werden, rücken Hybridität und Migrationen in den Mittelpunkt unserer Idee von Kultur. Diese Ansätze verwehren uns, nationale Identitäten als uniforme und abgeschlossene Kategorien zu verstehen. Vielmehr laden sie dazu ein, Identitäten als ein Ergebnis grenzübergreifender Verflechtungen häufig weit auseinanderliegender kultureller Räume zu begreifen.

Die Einrichtung eines Lehrstuhls für die Kulturgeschichte des künstlerischen Erbes in Europa zeugt von dem Wunsch, das Collège de France für die Geschichte der Objekte zu öffnen. Was nicht heißt, dass die Objekte hier bis jetzt gefehlt hätten, ganz im Gegenteil: Die Mehrzahl der

Disziplinen, die hier seit Jahrhunderten das »in der Entstehung begriffene Wissen« vermitteln – so die wunderbare Devise des Collège –, befassen sich mit Objekten. Ich denke an die Lehrstühle für die Zivilisation Mesopotamiens, Altägyptens oder Zentralasiens, an die Archäologie des Mittelmeers oder die Anthropologie.

Was ich versuchen möchte – durch die Aufhebung chronologisch fixierter Rahmen und kultureller Räume, durch die Betonung unbequemer Themen und die Multiplikation der Perspektiven –, sind zwei Dinge: erstens *erkunden*, wie sich über den Umweg des Objekts Möglichkeiten ergeben, eine transnationale Geschichte Europas zu schreiben. Und zweitens forschend daran *erinnern*, dass Museen und Sammlungen, unser »Kulturbesitz«, grundlegende anthropologische und politische Akteure der Vergangenheit und unserer Zeit sowie eine Herausforderung für die Zukunft darstellen. Dieses Arbeitsprojekt versteht sich im Sinne einer zukunftsgerichteten und experimentellen Forschung. Es beharrt auf dem Recht auf Zweifel, auf Fehler, auf Unschlüssigkeit. Es stellt sich damit nicht der »klassischen« Kunstgeschichte entgegen, sondern spricht mit ihr, ergänzt sie und wird durch sie bereichert.

* * *

Vor 1789, im Ancien Régime, »als Europa Französische sprach«[8], dienen die Kunstsammlungen der Aristokratie und der Monarchie vor allem einer »Politik des Geschmacks«, um mit Charlotte Guichard zu sprechen.[9] Von Sankt Petersburg bis Lissabon, von Stockholm bis Neapel, über London, Dresden oder Wien trägt ein enges Netz von Galerien und Museen in ganz Europa das Projekt einer ästhetischen Erziehung des Menschengeschlechts – außer in Frankreich, wo es zu diesem Zeitpunkt noch keine öffentlichen Museen gibt. Es ist »die Schönheit […], durch welche man zu der Freiheit wandert«, schreibt Friedrich Schiller. Die Angehörigen der Gelehrtenrepublik sind mobil und polyglott. Sie reisen, um der Schönheit dort zu begegnen, wo sie zu finden ist: in Rom und Florenz, in den öffentlichen Museen Italiens und Deutschlands. Montesquieu urteilt in Düsseldorf, dass die Gemäldegalerie »sogar in Rom als sehr schön gelten« würde und dass sie »in Deutschland nicht ihresgleichen« hat.[10] Der Maler Fragonard und sein Freund Bergeret beschreiben die Galerie von Dresden als eine »unerschöpfliche Quelle für Künstler und Kunstliebhaber, die in Italien sehr viel Zeit verlieren«, statt sich »in die schönen Galerien von Dresden, Düsseldorf und Mannheim [zu] stürzen«.[11] In diesem Europa der Aufklärung bilden die griechisch-römische Antike und die italienische bzw. niederländisch-flämische Malerei den gemeinsamen Horizont des Geschmacks, der kulturellen Praxis und des Wissens.

Doch bereits zur selben Zeit betritt eine kleine Gruppe neuer und entwurzelter Objekte die europäische Bühne. In Amsterdam, London oder Paris werden seit dem 18. Jahrhundert mit den sogenannten *Exotika* Objekte auf dem Kunstmarkt gehandelt, die von weither kommen (aus Amerika, China oder Indien) und oft noch überarbeitet werden, um sie besser verkaufen zu können. Zahlreiche wissenschaftliche Expeditionen machen sich auf den Weg, wie z. B. James Cook, der vom englischen König finanziert in den Pazifik aufbricht. Am Ende seiner Reise gehen mehrere hundert ethnografische Objekte an die Sammlung des Universitätsmuseums der Stadt Göttingen, die damals zum Haus Hannover gehört und daher mit der britischen Krone verbunden ist. Ein anderer Teil der Sammlung gelangt nach Wien, ein weiterer nach Oxford. Ozeanien verteilt sich in den Schränken und Vitrinen der Hauptstädte Europas. Die langsame Eingliederung dieser außereuropäischen Objekte, die auf der Basis gewissenhafter Studien vorangetrieben wird, unterläuft auf elegante Weise die etablierten ästhetischen, historiografischen und anthropologischen Gewissheiten. Was ist das Schöne? Was ist Kunst? Was ist das Wir und was das Andere? Das sind die Fragen, welche die Federhelme, Muschelwaffen, die fremdartigen Musikinstrumente und Tierfelle in den Hauptstädten Europas aufwerfen. Im Ancien Régime ist der *materielle* Besitz eines Objekts allerdings noch deutlich von dessen *intellektueller* Aneignung unterschieden.

Erst durch die Französische Revolution entsteht in Europa die neuartige Idee, der zufolge die *intellektuelle* Aneignung der Kunst- und Wissensobjekte notwendigerweise an deren *materielle* Aneignung gekoppelt ist. Unsere Museen sind bis heute die direkten Erben dieses Konzepts. Für das Studium der Antike müsste man also Rom in Paris besitzen oder Ägypten in Turin, in London oder Berlin und – später – in New York oder Boston haben. In den hemmungslosesten Visionen der Revolutionstheoretiker sollten alle Schätze der Menschheit in Paris versammelt sein, um dort den Fortschritt der Wissenschaft zu sichern und den Rest der Welt vergessen zu lassen, dass das wahre Kulturerbe Frankreichs bis dato eher von Ausschweifungen und Luxus geprägt war. Der große protestantische Jurist François-Antoine Boissy d'Anglas schreibt im Jahr II der Republik (1794): »Paris werde die Hauptstadt der Künste: Als rettender Hafen allen Wissens der Menschheit und als Hort aller seiner geistigen Schätze findet sie wieder zu neuer Pracht, strahlender noch als jene, die sie aus ihrem Luxus, ihren gekünstelten Vergnügungen und all den Ausschweifungen gezogen hatte und die bisher in gewisser Weise ihr *Kulturerbe* waren. Paris soll die Schule des Universums werden, die Hauptstadt aller Wissenschaften und auf die übrige Welt mit der unwiderstehlichen Herrschaft der Erziehung und des Wissens einwirken.«[12]

Schwerlich lässt sich der Zusammenhang zwischen Akkumulation von Objekten, Wissensproduktion und Weltherrschaftsfantasien deutlicher formulieren. So dass man versucht ist, die Objekte des Begehrens und das Begehren von Objekten mit den Kategorien der Libido in Beziehung zu setzen, wie sie Augustinus beschrieb und wie sie im 19. und 20. Jahrhundert säkularisiert wurden: die *libido sentiendi*, das sinnliche Begehren, die *libido sciendi*, das Verlangen nach Wissen, und die *libido dominandi*, der Wunsch nach Herrschaft.[13]

* * *

Wenn man ins Collège de France eintritt, nicht institutionell, sondern physisch, mit seinen Füßen, seinen Augen und all seinen Sinnen und Sorgen, wird man im Ehrenhof von einer Statue von Frédéric-Auguste Bartholdi, dem bekannten Schöpfer der Freiheitsstatue, empfangen. Diese Skulptur stellt Jean-François Champollion dar. Champollion ist ein typischer Repräsentant jener Generation von Europäern, die sowohl Akteure als auch Zeugen des europäischen Museumsbooms waren. Champollion wurde während der Französischen Revolution geboren; er war zu jung, um an Bonapartes Ägyptenfeldzug teilzunehmen, war aber seit seiner Jugend Hörer am Collège de France. Mit 36 Jahren wurde er zum Leiter der ägyptischen Sammlung des Musée Charles X (des Louvre) und einige Jahre später zum ersten Professor für Ägyptologie ans Collège de France berufen.

Es ist keine zehn Tage her – und ich kann Ihnen nur schwer meine ungläubige Verlegenheit beschreiben –, dass ich die Statue Champollions im Hof des Collège de France zum ersten Mal angeschaut habe. Ich meine *wirklich* angeschaut. Ich war zu früh zu einem Termin eingetroffen. Natürlich hatte ich sie schon hundertmal gesehen. Aber wir schauen uns diese Denkmäler, mit denen die Dritte Republik (1870–1940) unsere Städte zum Ruhme der Nation übersät hat, nur selten und wenn, dann oberflächlich an. Im öffentlichen Auftrag entstanden, sind sie materielle Zeugen der Allianz von Ideologie und Ästhetik, mit welcher der

Staat versuchte, die Frauen und Männer auf der Straße zu erreichen. Heute sehen wir sie, ohne sie zu sehen. Sie gehören zum Stadtbild, dem »städtischen Dekor«, wie Maurice Agulhon es in den Siebzigerjahren pointiert beschrieben hat: »Weder vom Autofahrer, der schnell vorbeifährt, noch vom Fußgänger, der aus vielerlei Gründen kein Flaneur mehr ist«, werden sie noch gesehen.[14] Ich hatte ein wenig Zeit, also schaute ich mir Champollion genauer an. Er ist ein monumentaler Jüngling um die dreißig, er misst 2,40 Meter und trägt einen knappen Gehrock, eine enge Hose und kurze Stulpenstiefel, wie sie in Europa um 1800 üblich waren. Außerdem Koteletten. Er ist auf den linken Ellenbogen gestützt, das Kinn in der Hand. Er wirft einen undefinierbaren Blick auf den Boden – so sehr haben das Wetter und die Luftverschmutzung sein Gesicht entstellt. Der weiße Marmor ist abgerieben und verdreckt. Das linke Bein ist angezogen, wie das eines Reisenden, der mit seinem Fuß auf einem Felsen Halt sucht. Doch unter seinem Stiefel ruht kein Fels sondern der abgeschlagene Kopf einer ägyptischen Statue, das majestätische und zerbrochene Antlitz eines Pharaos. Der Sockel trägt in großen Lettern den Namen Champollions. Auf der rechten Seite ist das Werk signiert und datiert: Auguste Bartholdi, 1875.[15]

Der Stiefel des Gelehrten steht auf dem heiligen Kopf eines Pharaos … Bei diesem Anblick packte mich das Entsetzen, welches Walter Benjamin und ihm folgend die Germanistin Karine Winkelvoss die »Erinnerung an das nie Gesehene« nennen.[16] Die Wiederkehr des verdrängten Kolonialen in der zufälligen Überlagerung auseinanderstrebender Zeitlichkeiten: die meinige, die einer sterblichen Pariserin aus Berlin im Jahr 2017, welche die politische Ikonografie der großen Männer in der Straße nie wirklich beachtet hat und heute im Hof des Collège de France verabredet ist. Und die seinige, die einer hundertfünfzig Jahre alten Marmorstatue, die seit Jahrzehnten jedem, der es hören will, öffentlich und kostenlos das erzählt, was sie schon 1875 erzählte, als Frankreich und Europa die Welt beherrschten. In der abendländischen Kunst ist die Ikonografie des Fußes, der auf einem abgeschnittenen Kopf steht, der Darstellung Davids als Sieger über Goliath vorbehalten. Oder, wenn es sich bei dem Kopf um ein grausames Monster handelt, dem Bild von Erzengeln oder Heiligen als Siegern über die Dämonen. Was wollte Bartholdi hier sagen? Ich weiß es nicht.

Was ich aber weiß, ist, dass diese Statue Champollions mehr über die Geschichte des Kulturerbes in Europa aussagt als irgendein

Champollion, Marmorstatue von
Frédéric-Auguste Bartholdi, Zeichnung
von Sellier, erschienen in: *Le Magasin pittoresque*
Bd. XLIV, Juli 1876, S. 233.

Buch, irgendein Seminar oder irgendeine Vorlesung. Sie ist wie die Allegorie dieser Geschichte, im wortwörtlichen Sinne der Allegorie als »lautes und öffentliches Sprechen, in einer anderen Art«. Was sie mit all der Unverfrorenheit eines Kunstwerkes darbietet, das geschaffen wurde, um die Zeit zu überdauern, ist das Zusammenspiel der erwähnten Arten von Libido: die erste, die sich *sinnlich* zum edlen Gesicht des Pharao hingezogen fühlt; die zweite, die sich *intellektuell* mit dem jungen Gelehrten verbindet, der im Begriff ist, die Relikte einer verschwundenen Kultur zu entziffern; und die letzte, die sich durch den Stiefel auf dem Kopf als *gewaltsam* manifestiert.

Wenn man sie heute, im Jahr 2017, betrachtet, ist die Statue Champollions ein ebenso unerträgliches wie wertvolles Dokument. Sie lädt dazu ein, im Herzen einer Institution, die geeigneter wohl nicht sein könnte, das Ungedachte des Kulturerbes und der europäischen Museen zu denken. Sie erinnert in aller Öffentlichkeit daran, dass die westliche Wissens- und Kulturtradition gleich einer glänzenden Medaille auch eine Kehrseite hat, lichtlos und dunkel – geprägt durch symbolische oder reale Gewalt. Beide Aspekte sind untrennbar miteinander verbunden. Lassen Sie uns die Widersprüche und Spannungen, welche die Idee des Museums von Anfang an durchziehen, sichtbar machen, um besser mit ihnen umgehen zu können. Schenken wir dem Blick und den Stimmen der Enteigneten in diesem Kontext die verdiente Aufmerksamkeit. Dabei sollten wir uns immer vergegenwärtigen, dass die Worte »Museum« und »Kulturerbe« und die Realitäten, für die sie stehen, zum »unübersetzbaren Wortschatz« der europäischen Sprachen zählen, wie Barbara Cassin und ihre Mitstreiter so überzeugend gezeigt haben.[17]

* * *

Champollion ist gerade vier Jahre alt, als Frankreich die Doktrin des befreiten Kulturerbes erfindet, der zufolge die Künste als ein Produkt der Freiheit im Land der Freiheit am besten aufgehoben seien, also in Frankreich. Er ist sechs Jahre alt, als die im Rom der Renaissance entdeckten Meisterwerke, der *Apoll von Belvedere* und die *Laokoon-Gruppe*, die seitdem ohne Unterbrechung Bestandteil der päpstlichen Sammlungen waren, nach Paris transportiert werden. Er ist sieben, als die von Veronese für das Refektorium des Klosters von San Giorgio Maggiore in Venedig gemalte *Hochzeit zu Kana* nach Frankreich verbracht wird. Als er elf ist, beschlagnahmt die britische Armee in Ägypten einen Teil der Fundstücke, die Beteiligte der Militärexpedition Bonapartes gesammelt hatten, darunter den Stein von Rosetta. Dieser wandert, als militärische Trophäe, ins British Museum und ist dort bis heute ausgestellt. Champollion ist sechsundzwanzig, als die britische Regierung beschließt die 120 Tonnen Marmor des Parthenon-Frieses zu kaufen, die der Diplomat Lord Elgin auf eigene Kosten aus Griechenland nach England bringen ließ und auf deren Rückgabe Athen noch heute besteht.

Museum, Nation, Kulturerbe – im 19. Jahrhundert entfaltet diese von Dominique Poulot so überzeugend herausgearbeitete französische Triade ihre Wirkung über ganz Europa.[18] Berlin, London, Paris, Wien und Sankt Petersburg, um nur wenige zu nennen, investierten atemberaubende Summen in den Ausbau ihrer Museen, die heute *unsere* Museen sind. Man beargwöhnt sich gegenseitig. Die Kunstgeschichte, die Archäologie und die gerade entstehende Ethnologie werfen ihre Netze in Europa und der Welt aus. Im letzten Drittel des 19. Jahrhunderts sichern sich die Museen von London, Paris und Berlin die besten Stücke auf dem italienischen Kunstmarkt und überbieten sich in Einfallsreichtum, um Ausfuhrgenehmigungen zu erlangen oder zu umgehen. Auch das Spanien des Goldenen Zeitalters fasziniert die Metropolen im Norden, alle wollen ihren Velázquez haben. In dieser Zeit formt Berlin in nur wenigen Jahren eine der größten Sammlungen von Werken Rembrandts außerhalb der Niederlande.

Im selben Moment, am Ende des 19. Jahrhunderts, drängen Privatsammler aus dem großstädtisch-bürgerlichen Milieu auf den Kunstmarkt und kaufen erlesene Stücke alter Kunst und schaffen so den Grundstock für Sammlungen von Weltrang in allen europäischen Metropolen der Zeit. Gebildete und wohlhabende Sammler und Sammlerinnen buhlen hier um kunsthandwerkliche Kostbarkeiten, Skulpturen, mittelalterliche Goldschmiedekunst, Wandteppiche, islamische und fernöstliche Artefakte, italienische Renaissancegemälde und flämische Meister des 17. Jahrhunderts, Druckgrafik und Zeichnungen, häufig angetrieben von philanthropischen und patriotischen Motiven. Ganz gleich ob Franzose, Engländer oder Deutscher, der Aufbau einer Kunstsammlung zeugt nicht nur von Kultiviertheit und gutem Geschmack, sondern auch von Vaterlandsliebe. Diese findet, ermutigt durch die Regierungen, in der Stiftungspraxis und den Schenkungen an die öffentlichen Museen und staatlichen Sammlungen ihren Niederschlag.[19]

Adolphe Schloss, David und Pierre David-Weill oder Alphonse Kann in Paris und die Rothschilds zwischen Paris und London, James Simon in Berlin, die Camondos zuerst in Konstantinopel und später in Paris: Die bedeutendsten Sammler dieser Zeit stammen oft aus jüdischen Familien, die Museen regelmäßig mit aufsehenerregenden Schenkungen bedenken. Häufig wird übersehen, dass es diese um 1900 entstandenen Sammlungen sind, die von den Nationalsozialisten in Deutschland und den besetzten Ländern Europas Ende der Dreißigerjahre Opfer eines rassistisch begründeten, systematischen Kunstraubs wurden.

Dies erklärt, warum die etwa zweitausend als ›Musées Nationaux Récupération‹ (MNR) klassifizierten Kunstwerke – unter anderem jüdischen Familien von der deutschen Besatzungsmacht geraubte und nach 1945 dem französischen Staat zurückgegebene Objekte, die bis heute von der französischen Verwaltung nicht an ihre legitimen Eigentümer oder deren Rechtsnachfolger restituiert wurden – sich aus Kunsthandwerk, Zeichnungen und Druckgrafiken, wertvollen Tapisserien und einigen Tafelbildern alter Meister wie Rubens, Boucher, Chardin oder Fragonard zusammensetzen. Wenn man den Katalog der MNR studiert (und sich daran erinnert, dass der französische Staat jenseits dieser zweitausend Kunstwerke nach 1945 noch weitere 15 000 zurückerhaltene Objekte zugunsten der eigenen Kasse zum Verkauf freigegeben hat[20]), kann man sich der schieren Bewunderung angesichts des großen Reichtums und der unerhörten Qualität der französischen Privatsammlungen des 19. Jahrhunderts nicht erwehren.

Während der europäische Kunstmarkt ein beispielloses Wachstum erlebt, gerät mit dem Ausbau des Eisenbahnnetzes und der Dampfschifffahrt, der Beschleunigung des Warenaustausches und der Konkurrenz der Kolonialmächte das Kulturerbe der Menschheit zu einem Politikum im Ringen um nationale Behauptung innerhalb Europas. Die Kunstgeschichte war nie eine neutrale Wissenschaft, so wenig wie die Ethnologie und die Archäologie, die, wie Alain Schnapp und Ève Gran-Aymerich gezeigt haben, bis heute nur in ihrem politischen, diplomatischen und militärischen Kontext zu verstehen sind. Auch der Tourismus und die Religion werden damals zunehmend wichtig.[21] So wendet sich seit etwa 1850 die Archäologie all jenen Regionen zu, die Schauplätze des Alten und Neuen Testaments sind: Ägypten, Mesopotamien, dem heutigen Libanon, Syrien, Jordanien und Israel.

Dies ist die Zeit, in der sich die Depots der europäischen Museen rasend schnell mit Papyrusfragmenten, Tausenden Tontafeln und Tonzylindern füllen. Ihre Inventarisierung und Entzifferung ist aufgrund der schieren Masse heute noch lange nicht abgeschlossen. Zur selben Zeit überlässt das Osmanische Reich den europäischen Mächten, insbesondere dem Deutschen Reich, spektakuläre Zeugnisse der griechischen Antike in Kleinasien: Die Ruinen des Pergamonaltars oder das Stadttor von Milet zum Beispiel verlassen in Hunderte Holzkisten verpackt die heutige Türkei und bereichern fortan die Antikensammlung auf der Museumsinsel in Berlin, wo sie in musealen Kulissen akribisch wieder aufgebaut werden. Ebenso entrichten die Kolonien in Afrika, Asien und der Südsee einen hohen kulturellen Tribut an Europa.

Denn zu den wissenschaftlichen Missionen kommen im 19. Jahrhundert Eroberungs- und Handelskriege hinzu. In China führt der Zweite Opiumkrieg zur Plünderung des Sommerpalastes in Beijing durch vereinte französische und englische Truppen; die wertvollsten Stücke gelangen ins Musée chinois de l'impératrice Eugénie in Fontainebleau, wo Teile davon noch heute ausgestellt sind. Andere erhält Königin Victoria von ihren Militärbeamten geschenkt.

Das Jahr 1897 bleibt aufgrund der Strafexpedition der britischen Armee im Königreich Benin, im Süden des heutigen Nigeria, in trauriger Erinnerung: Die »Benin-Bronzen« werden nach Europa verbracht, ihre immer wieder geforderte Rückgabe wird von den europäischen Museen und Regierungen systematisch abgelehnt. Die »Benin-Bronzen« sind eine Sammlung von mehreren hundert Metallfragmenten aus dem 16. bis 18. Jahrhundert, reich dekoriert mit vollplastischen menschlichen Figuren und Tierdarstellungen, die aus ihrem ursprünglichen Gefüge herausgerissen, nach London transportiert, teils dem British Museum übergeben und anderteils dem Kunstmarkt überlassen wurden. Heute befindet sich ein Großteil der Bronzen in den Museen von London, Oxford, Hamburg, Berlin, Dresden, Leipzig und New York. Als sie um 1900 in den europäischen Hauptstädten eintreffen, wird das Königreich Benin als »Enklave einer relativen Hochkultur« beschrieben, »deren Geschichte noch ein Rätsel ist, das nach einer Lösung verlangt«.[22] Die verblüfften Kunsthistoriker bewundern in diesen Werken eine Virtuosität, die sie an die europäische Renaissance oder den Barock denken lässt. Es fällt ihnen offenbar schwer, die Schöpfung dieser Werke einem afrikanischen Volk zuzuschreiben.

Tatsächlich fällt es um 1900 ganz Europa schwer, sich andere Kulturen, andere Existenzen, andere Wünsche, unabhängig von den eigenen, vorzustellen. Paul Valéry schreibt 1919 in seinen Briefen über *Die Krise des Geistes*:

»Benin-Bronzen«

»Die Idee der Kultur, der Intelligenz, des Meis-
terwerks steht für uns in einem Zusammenhang – so alt, daß wir nur selten an ihn zu-
rückdenken – mit der Idee Europa.

Die anderen Weltteile hatten wohl eine be-
wundernswerte Kultur [...]. Aber kein anderer
Teil der Erde besaß diese seltsame physikalische Eigenschaft: intensivste Ausstrahlungs-
kraft verbunden mit intensivstem Absorp-
tionsvermögen.

Alles kam nach Europa und alles kam von
Europa. Oder fast alles.«[23]

Hinsichtlich der Akkumulation von Kulturgütern kam dieses »alles« aber nicht wider-
standslos. Seit der Antike erheben die Enteigneten ihre Stimme. Diese ist für den europäischen
Historiker gewiss schwerer zu fassen als die
Rede der Sieger. Doch diese Stimme existiert
und bildet hinsichtlich der annektierten Kulturgüter den Nährboden heutiger Restitutionsfor-
derungen. Bereits Ende der Achtzigerjahre des 19.
Jahrhunderts hat der junge ägyptische Intellektuelle Ḥasan Tawfīq al-'Adl, der aus Alexandria
für einige Jahre nach Berlin gekommen war, in
seinem Reisebericht das Gespräch mit einem
Angestellten des Ägyptischen Museums festge-
halten: »Und, fragt er mich scherzend, wie finden Sie sie, Ihre Schätze, hier bei uns? – Sie ha-

ben sie sehr gut präsentiert und sich um die Bewahrung ihrer Schönheit bemüht. Ich freue mich darüber, dass sie sich hier in Ihrem Land befinden, damit Sie sich der Ägypter erinnern. Doch ist ganz offensichtlich unser Anspruch auf ihre Bewahrung berechtigter.«[24]

Wenn man sich auf die Suche begibt, findet man diese frühen trauernden Stimmen außerhalb Europas. Doch findet man sie auch, und in großer Zahl, in Europa selbst. In diesem Europa, »wo alles hingekommen ist« und wo sich die Akkumulation wertvoller Objekte aus der Fremde niemals uneingeschränkt kollektiven Beifalls erfreute.

Von Paris bis London, von Rom bis Weimar sorgen die groß angelegten und von Gewalt getragenen Translokationen von Kulturgütern seit Ende des 18. Jahrhunderts für Unbehagen in aufgeklärten Kreisen. In England erhebt Lord Byron gegen die Überführung des Parthenon-Frieses in das, wie er sagt, »kalte Nord« Englands seine Stimme.[25] In Frankreich kritisiert Antoine Chrysostôme Quatremère de Quincy die Politik der Kunsteroberungen des Directoire in Italien und beschwört die heilige Einheit, die ein Kunstwerk ihm zufolge mit seinem ursprünglichen Kontext verbindet:

»Weder in dem Nebel und Rauche von London, in dem Regen und Kothe von Paris, in dem Eise und Schnee von Petersburg; noch in dem Lärme der großen Städte Europens, noch in dem Chaos der Zerstreuung eines nothwendigerweise mit Handelsangelegenheiten beschäftigten Volkes – kann sich jenes tiefe Gefühl für schöne Gegenstände, jener sechste Sinn entwickeln, den die Betrachtung und das Studium des Schönen den Zöglingen der Künste schenkt.«[26]

Ein halbes Jahrhundert später prangert Victor Hugo, angewidert von der Plünderung des Sommerpalastes in Beijing, in seinem berühmt gewordenen Brief die europäische Barbarei gegen die chinesische Kultur an.[27]

1920 veröffentlicht die Zeitschrift *L'Esprit nouveau* die bemerkenswerte Umfrage »Faut-il brûler le Louvre?« (»Müssen wir den Louvre niederbrennen?«).[28] 1923 notiert wiederum Paul Valéry nach einem Besuch im Louvre, er fühle sich abgestoßen von der »Akkumulation eines überschüssigen und also unverwertbaren Kapitals« in einem »Haus des Nichtzusammengehörigen«. Und er fügt hinzu: »[U]nsere Erbschaften erdrücken uns«.[29] Drei Jahre später nennt der Kunstkritiker Carl Einstein das Museum für Völkerkunde in Berlin eine »Kühlkammer wei-

ßer Wißgier«, in welcher »der Fang [...] ab-
gestorben« ruht.[30] Die aktuelle »Krise der Museen« ist mindestens ein Jahrhundert alt.

* * *

Und es gibt sie doch, die Lichtseite dieser ursprünglichen Akkumulation von kulturellem
Kapital im Europa des 18. und 19. Jahrhunderts;
die individuell und kollektiv ausgelösten Ge-
fühle, die ästhetischen Befruchtungen und un-
erwarteten Verknüpfungen, welche die Idee
von Kultur und Menschheit in ihrem Kern aus-
machen. *Kultur* nicht im statischen Sinne kano-
nischer Kenntnisse, sondern im dynamischen
von Bildung und Entfaltung. Denn in den Museen besitzen die unsterblichen Objekte, wenn
sie über Generationen hinweg den Zeitlichkeiten und Sorgen der Sterblichen (nämlich uns)
begegnen, eine Kraft des Keimens. Diese Kraft
bewirkt, dass in der Interaktion mit jenen, die
sie anschauen, Dinge geschehen und noch nicht
dagewesene Ideen und Formen entstehen. Die
Devise des Collège de France paraphrasierend
könnte man sagen, dass man in Museen sehen
kann, wie Kultur entsteht.

In Berlin schreibt Guillaume Apollinaire 1901
einen seiner ersten literarischen Essays. Er ist
zwanzig Jahre alt und als Französischlehrer für
ein junges Mädchen engagiert worden, dessen

Familie er auf einer Deutschlandreise begleitet. Sein Vertrag ist auf ein Jahr befristet, was danach kommt, ist offen. In Berlin hat das erste Pergamonmuseum gerade seine Tore geöffnet. Dort sieht Apollinaire die maßstabsgetreue Rekonstruktion des Zeusaltars, der zwanzig Jahre zuvor von preußischen Archäologen in der Provinz Smyrna (heute: Izmir) in der heutigen Türkei ausgegraben worden war. Der Altar ist mit einem monumentalen Fries geschmückt, der »Gigantomachie«, die den Sieg der Götter über die Giganten zeigt, den Sieg der Ordnung über das Chaos. Der Fries besteht aus 120 Reliefplatten von jeweils 2,30 Meter Höhe. Apollinaire bleibt vor ihnen stehen. Er schreibt angesichts der hemmungslosen Schönheit des Werkes in einer Mischung aus Begeisterung und wilder Abneigung gegen alles Deutsche:

»Wie wunderschön es ist! Welch wunderschönes Gedicht in Stein! Die olympischen Götter der Erde, der Wasser und der Hölle, Tiere, Riesen, Monster deren wütend ineinander gewundene Glieder teilweise [durch die Zeit] verstümmelt sind, die Oberkörper der Göttinnen, die sich gegen die Arme der Helden aufbäumen, die eingefrorenen Gesichter, beißenden Münder. Dieses Werk, welches die Künstler in groben Stein schlugen, lässt die

Göttlichkeit so sehr fühlen, dass der Reisende die Masse der Besucher mit ihren Knebelbärten und hässlichen Frauen vergisst und die Stunde herbeisehnt in der die Opferstiere brüllen werden.«[31]

Felix Fénéon druckt den Text in der *Revue blanche*. Damit beginnt Apollinaires literarische Karriere. In Berlin trifft die wilde Kreativität der Griechen des 2. Jahrhunderts v. Chr. auf die eines etwas verlorenen jungen Mannes mit einer russisch-polnischen Mutter und einem italienischen Vater – erst 1916 erhielt Apollinaire die französische Staatsbürgerschaft. Aus dieser Begegnung im Museum (und vielen anderen natürlich) geht eine der großen Stimmen der französischen Literatur zu Beginn des 20. Jahrhundert hervor.

Zur gleichen Zeit, im März 1900, befindet sich der Münchener Komponist Richard Strauss in Paris, um zwei Konzerte des Orchestre Lamoureux zu dirigieren. Romain Rolland führt ihn durch den Louvre. Sie sind beide 35 Jahre alt. Romain Rolland ist zu diesem Zeitpunkt Dozent für Kunstgeschichte an der École normale supérieure. Auch Strauss hat Kunstgeschichte studiert, ist aber jetzt Kapellmeister im königlichen Opernhaus von Berlin. Rolland notiert in seinem Tagebuch: »[Strauss] hat wirklich Geschmack für Malerei, und einen modischen noch dazu. Er bewundert Chardin [...] Fragonard findet er amüsant [...] Boucher enttäuscht ihn ein wenig. Er ist nicht sehr streng mit Greuze; die Landschaften Vernets gefallen ihm ein wenig zu gut, und er erkennt die Überlegenheit des großen Watteau an; er nennt die Einschiffung (nach Kythera) eine Art *Märchen-malerei* [dt. im Original]. Das Glück und die Leichtigkeit des Lebens, die sich in diesem 18. Jahrhundert zeigen, streicheln ihn angenehm.«[32] Strauss seinerseits vermerkt in seinem Schreibkalender: »Ideen zum Ballett ›Die Insel Cythère‹ nach Antoine Watteau«.[33]

In den Wochen und Monaten nach diesem Besuch, lange bevor Claude Debussy sich von Watteau begeistern lässt, stürzt sich der junge Deutsche in die Arbeit für eine Ballettmusik in drei Akten mit dem Titel *Kythere* (Opus: AV 230, Trenner 201), die jedoch Fragment bleiben sollte. Einige Motive finden sich aber im *Rosenkavalier,* in *Ariadne auf Naxos* und in *Josephs Legende* wieder.[34] Für Pierre Rosenberg ist die *Einschiffung nach Kythera* »gleichzeitig Innehalten und Aktion, ein Augenblick und außerhalb aller Zeit«.[35] Diese Formel lässt sich auf das Museum im Allgemeinen übertragen: auf der einen Seite die immobilisierten Werke in ihren Vitrinen und an den Wänden. Und auf der anderen – die machtvolle, zupackende Wirkung derselben Werke auf die Generationen, die ihnen begegnen.

Kehren wir schließlich zur ägyptischen Kunst Amarnas zurück, diesmal im brodelnden Berlin vor dem Ersten Weltkrieg. Die Amarna-Zeit ist der kurze Moment des Bruchs in der Geschichte des Alten Ägypten, als Pharao Echnaton (dessen Kopf schon erwähnt wurde) die Götter, die politische Hauptstadt und die Ästhetik seiner Vorfahren aufgibt, um eine neue Hauptstadt, einen neuen Kult und eine neue Kunst durchzusetzen. 1912 findet der Berliner Archäologe Ludwig Borchardt bei Ausgrabungen in Tell el-Amarna das Atelier eines Bildhauers mit Werkzeugen, Modellen, etwa zwanzig Portraits, darunter das der Königin Nofretete, und verschiedenen Gipsabdrücken. Mit Genehmigung der französischen Antikenverwaltung Ägyptens werden die Funde nach Berlin gebracht und im Winter 1913/14 fast zur Gänze auf der Museumsinsel ausgestellt. Die künstlerischen Avantgarden und die Presse trauen ihren Augen nicht: Diese Gesichter aus grauer Vorzeit ähneln in ihrem radikalen Realismus so sehr den Menschen von 1913, dass sie einen unmittelbaren Bezug zur Gegenwart suggerieren und die Kunst aus Tell el-Amarna zum Politikum machen. Die Zeitungen heben den demokratischen Charakter dieser »Kunst für

Skulpturen und Lebendabdrücke in Gips,
entdeckt in Tell el-Amarna

alle« hervor, die selbst den am wenigsten ge-
bildeten Besuchern zugänglich sei. Die marxis-
tischen Zeitschriften sind begeistert und glauben in diesen Skulpturen Wahlverwandte zu
finden: Im Dezember 1913 erklären die *Sozialis-
tischen Monatshefte*, dass die Portraits aus Tell
el-Amarna »wie jedes Gesicht heute auf der
Straße« wirkten. Während die einen den Anschein einer »letzte[n] aristokratische[n] Aus-
filtrierung des Menschen« machten, seien die
anderen, die Gipswerke, möglicherweise von
»Proletariern abgenommen«.[36]

Ägyptische Köpfe des 14. Jahrhunderts v. Chr.,
die in den internationalen Klassenkampf ver-
wickelt sind. Ein französisches Gemälde des
18. Jahrhunderts, das zweihundert Jahre später Musik hervorbringt. Zweitausend Jahre
alte hellenistische Marmorreliefs, die in Berlin
ein literarisches Debüt inspirieren. Die Varia-
tionen und Beispiele unvorhersehbarer kultureller Befruchtungen in den europäischen Museen sind zahlreich. Besondere Erwähnung
verdient die Erschütterung des französischen
Malers André Derain 1906 im British Museum. Er ist 26 Jahre alt und, Philippe Dagen
zufolge, der erste abendländische Künstler, der
sich ernsthaft mit der Betrachtung außereuropäischen Skulpturen befasst. Zurück im Ho-
tel schreibt Derain in der Nacht einen hallu-

zinatorischen Brief an seinen Freund Henri Matisse:

> »Ich habe bereits vier Blätter mit Schrift geschwärzt, gebe es aber auf, sie Ihnen zu schicken. Es ist ein so großes Durcheinander von Ideen, ein Durcheinander an Gefühlen, Gedanken, dass Sie mich wirklich für verrückt halten würden. [...] Ich war nun zum fünften Mal im British Museum. Hier sind in völligem Durcheinander, versuchen Sie mir zu folgen, Chinesen, Neger, Ägypter, Etrusker, Phidias, Römer und Inder zusammen gestapelt. Ich musste das Museum verlassen, so verwirrend war das Ganze für mich. [...] Ich habe mich in völlig fremde Milieus und fremde Leben hineinversetzt. Damit habe ich mein Bewusstsein mit etwas anderem als Worten erweitert. Allein Gefühle, definiert durch Form und Farbe. [...] Dies ist nicht mehr nur eine Idee, das ist die absolute Idee, das Bewusstsein des Daseins.«[37]

Daseinsbewusstsein und Geschmack für das Andere. Die Einverleibung des Anderen in das Eigene. Entgrenzung und Wiederaneignung: Das Museum ist zweifellos einer der Orte, an denen die »seltsame physikalische Eigenschaft« Europas (Valéry), seine außergewöhnliche Fähigkeit der Absorption und Assimilierung, offenkundig wird. Das Museum ist, oder war es zumindest über lange Zeit, der Ort einer physischen Begegnung mit fremden Welten, das Archiv der menschlichen Kreativität, einer jener Orte, wo die Geschichte die Zukunft anbahnt. Und wenn es nicht zu pathetisch wäre und wenn sich nicht viele westliche Museen in den letzten Jahren übertrieben kommerzialisiert und auf den Tourismus eingestellt hätten, könnte ich fast sagen: Die Museen sind das Haus des Geistes.

* * *

Wie verhält es sich aber mit den Orten, wo die Objekte nicht mehr sind? Was sagen wir jenen, die nicht Teil dieser musealen Erzählung sind und ihrer Güter durch die Gewalt und die Asymmetrien der Geschichte beraubt wurden? Wie wollen wir rechtfertigen, dass einige Zugang zum Kulturerbe der Menschheit haben und andere ausgeschlossen sind – sowohl physisch als auch wirtschaftlich? Wie kann man dulden, dass das symbolische und reelle Kapital, welches Museen generieren, nicht allen zugutekommt? Und wie kann man nicht wollen, dass wir uns – mithilfe der Museen, gerade weil sie uns so viel gegeben haben und wir so viel genommen haben – für eine die Enteigneten achtende und gerechtere Politik engagieren?

Als er 1940 vor der Verfolgung durch die Nationalsozialisten aus dem Pariser Exil floh, attestierte Walter Benjamin den traditionellen Historikern eine Unfähigkeit zur Empathie mit den Besiegten. Mit wem identifiziert sich der Historiker, wenn er Geschichte schreibt, fragt Benjamin. Mit dem Sieger. Und er fährt fort:

>»Wer immer bis zu diesem Tage den Sieg davontrug, der marschiert mit in dem Triumphzug, der die heute Herrschenden über die dahinführt, die heute am Boden liegen. Die Beute wird, wie das immer so üblich war, im Triumphzug mitgeführt. Man bezeichnet sie als Kulturgüter. [...] Und wie es selbst nicht frei ist von Barbarei, so ist es auch der Prozeß der Überlieferung nicht, in der es von dem einen an den anderen gefallen ist.«[38]

Wir Europäer, die diese Objekte geerbt haben und weitervererben werden, wir, stehen auf der Seite der Sieger. In gewisser Weise ist auch das eine »Erbschaft, die uns erdrückt«. Aber das muss nicht für immer so sein. Die gute Nachricht ist unsere Fähigkeit zur Empathie durch die Erfahrung der Geschichte der Feindschaften zwischen unseren Nationen, die nach dem Zweiten Weltkrieg mühsam überwunden wurden. Wir haben in uns selbst die Kraft, die Traurigkeit oder die Wut oder den Hass derer zu verstehen, die in anderen Breitengraden, weiter weg, ärmer, schwächer, in der Vergangenheit Opfer des »intensiven Absorptionsvermögens« unseres Kontinents geworden sind. Um es auf den Punkt zu bringen: Wir müssen heute nur für einen Augenblick in uns hineinhorchen und einen kleinen Schritt aus unserem gewohnten Blickwinkel heraustreten, um mit den Enteigneten – oder mit denen, die sich als solche fühlen – identifizieren zu können.

Ich möchte dies kurz an einem französischen Beispiel zeigen, das aber für ganz Europa Gültigkeit hat: In den Zwanzigerjahren übernahm das mächtige Amerika die Rolle des Welthegemons. In Toulouse hält ein junger Anwalt zu Beginn des Herbstsemesters 1927 vor Referendaren eine Rede, die so viel Aufsehen erregt, dass sie kurz darauf mit einem Preis ausgezeichnet und veröffentlicht wird. Titel der Rede: »L'Elginisme« (Der Elginismus), in Anspielung auf Lord Elgin, der bereits erwähnte Käufer des Parthenon-Frieses in Athen. Doch mit dem Begriff des Elginismus geht es dem jungen Anwalt weder um Griechenland noch um England. Es sind Amerika und seine Dollarnoten, die erst den jungen Mann aufwühlen – und wenig später Juristen und Meinungsmacher in ganz Europa:

»Sehr geehrter Herr Vorsitzender, sehr geehrte Herren,

Mit seinem Notizbuch und einer Kodak bewaffnet, durchstreifte ein kleiner Trödelhändler in fadenscheinigen Hosen und abgetretenen Schuhen unsere Stadt und das Land. Er notierte alles, was ihm alt erschien, und meldete seine Entdeckungen an seinen Korrespondenten [in New York]. [...] Die Wunderwerke unserer Architektur, weltweit bekannt, besucht und beschrieben, werden jeden Tag der französischen Erde entrissen, um in die ganze Welt exportiert zu werden. [...] [Natürlich] ist es wichtig, dass einige unserer schönsten Werke in die Ferne gebracht werden, um dort als Botschafter unseres Geschmacks und unserer Kultur zu fungieren. Unerträglich ist jedoch, wenn der Fremde methodisch entstellt, was der große Ruskin ›das geliebte Angesicht des Vaterlandes‹ nannte. Und doch! Meine Herren, genau dies ist das traurige Spektakel, welches sich vor unseren Augen abspielt. Einst zerstörte man, weil man es nicht besser wusste. [...] Heute zerstört man für seinen Kaufwert, was doch vor allem einen ›Wert der Seele‹ hat. [...] Fahren Sie nicht mehr nach Sens um die großen, funkelnden Fenster des Refektoriums der Jakobiner zu sehen, vor denen schon der halbverrückte Mönch Jacques Clément den Mord an Heinrich III. plante: Diese Himmelsöffnungen wurden für 20 000 Francs an eine amerikanische Lady verkauft, die nun mit ihnen ihr Musikzimmer erhellt. Das Tor von Abbeville [...] hat den Hof François' I. mit unbekanntem Ziel verlassen. Die gotische Treppe, mit ihren drei Etagen pittoresker Holztäfelungen, die in einem Hof in Morlaix zu finden war, steht heute vollständig in einem Londoner Museum, zwischen einem elektrischen Projektor und einer Zentralheizung. In Villeneuve-lès-Avignon wird man das schöne Kruzifix nicht mehr finden [...]; es ist seit fünf Jahren in New York, und es grenzt an ein Wunder, dass die altehrwürdige Abtei von Moissac immer noch im Besitz ihrer bemerkenswerten Fresken des 13. Jahrhunderts ist. [...] Wenn wir jedoch aus den Reiseführern all jenes herausstreichen, was nicht mehr bei uns zu sehen ist, beschreiben wir unsere gesamte Kunstgeschichte, und die Liste der unersetzlichen Verluste, die unser Land erleiden musste, ist sehr lang.«[39]

Ich lese diese Zeilen ... und denke an Benin City.

Natürlich darf man nicht alles miteinander vermengen. Man darf nicht die Zerstörung der um 1900 geschaffenen Sammlungen großer jü-

discher Familien durch fanatische Nationalsozialisten mit der Verbringung der Sammlungen
aus italienischen und deutschen Museen durch
das revolutionäre und napoleonische Frankreich gleichsetzen, die im Namen von Freiheit,
öffentlicher Bildung und dem Fortschritt der
Künste und des Wissens legitimiert wurde. Man
darf nicht den Raub am armenischen Volk nach
1915 mit dem »kleinen Trödelhändler, bewaffnet
mit einer Kodak und einem Notizbuch« und
seinen Dollars, gleichsetzen, der ungefähr zur
gleichen Zeit die französischen Provinzen auf
der Suche nach guten Geschäften durchkämmt.
Und man darf die blutigen Plünderungen während der Kolonialkriege und die archäologi-
schen Grabungen des 19. Jahrhunderts nicht
über einen Kamm scheren. Die Erforschung der
großen Translokationen von Kulturgütern –
und die Frage der Restitutionen, die unweiger-
lich damit einhergeht – muss deren historischen,
politischen, kulturellen, ideologischen und sym-
bolischen Bedingungen immer besonderes
Augenmerk schenken, und damit den Besonder-
heiten jedes einzelnen Falls. Nur dadurch kann
sie Glaubwürdigkeit beanspruchen.

Man soll also nicht alles miteinander vermengen. Man darf aber auch nicht davor zu-
rückschrecken, sich geradewegs mit Themen zu
befassen, die ungemütlich sind. Wenn man sich

der (goldglänzenden und bleischweren) Geschichte der Kunst- und Kulturgüter in Europa vom 18. bis zum 20. Jahrhundert heute widmen will, ob von Paris, Berlin oder London aus, dann muss man zuallererst in sich selbst hineinblicken. Diese kulturgeschichtliche Innenschau ist, in Europa, das erste Zeichen der Freundschaft und des Respektes, welches wir jenen geben können, die uns bereichert haben. Innenschau ist nicht Selbstgeißelung oder übereilte und konfuse Restitution von Dingen, von denen einige auch außerhalb Europas denken, dass sie für den Moment gut bei uns aufgehoben sind.

Innenschau besteht vielmehr im kollektiven Bestreben, die Objekte in unseren Museen wieder mit der Geschichte ihrer Herkunft zu verbinden – und mit den Menschen, die heute dort leben, wo die Objekte früher einmal waren. Es heißt, den beschwerlichen Teil unserer Geschichte als Europäer, »zu denen alles gekommen ist«, sichtbar und denkbar zu machen. Es heißt, durch die Geschichte hindurch unseren Blick für eine mögliche Zukunft des Weltkulturerbes zu öffnen.

Innenschau beginnt mit der Sprache. Worte haben ihre eigene Kraft, sie gründen tief in kulturellen und politischen Systemen, in ihnen sind Bilder, Haltungen, Emotionen, Ansprüche und Hoffnungen gespeichert. Sie schleppen ideologischen und politischen Ballast mit und prägen die Wirklichkeit genauso wie Taten. Was im Zusammenhang mit Naturkundemuseen absurd erschiene – von »nationalem Naturbesitz« zu sprechen –, wird in Europa für ethnologische, archäologische und kunsthistorische Sammlungen stillschweigend vorausgesetzt. Die Deutschen haben ihren Preußischen Kulturbesitz, die angelsächsische Welt spricht von *cultural property*, in Frankreich sind die Museen *patrimoine national*. Diese Begriffe legen nahe, dass man materielle Zeugnisse von Kultur(en) als Staat oder Nation besitzen kann. Was aber ist ein »patrimoine de l'humanité«, wenn so dicht bei der Menschheit (*humanité*) das Vaterland (*patrie*) lauert, so dicht beim »shared heritage« der nationale Kulturbesitz? Wir Europäer reden nicht nur in Sprachen, wir bestehen aus Sprache. Es liegt in unserer Verantwortung, in unserem Vokabular den Atavismus vergangener Herrlichkeiten und Selbstverständlichkeiten zu erkennen und zu hinterfragen. Erst dann werden wir in der Lage sein, wahrhaft und ehrlich über die Zukunft des Menschheitserbes in unseren Museen nachzudenken.

Innenschau, zweitens, ist ein aktives Zurückblicken und Sichtbarmachen historischer Zusammenhänge. Im Museum treffen unterschiedliche Zeiten aufeinander, davon war bereits die Rede: die vielfältigen Zeitlichkeiten der (unsterblichen) Objekte von urgeschichtlich bis atelierfrisch; die Zeitlichkeiten der Menschen, individuell und kollektiv, die 2018, 1950 oder 1870 als Kind oder Greis, als Vielgereiste oder Daheimgebliebene, an den Objekten vorbeiziehen und sich von ihnen bewegen lassen; und die dritte Zeitlichkeit, die konstitutive Zeit aller europäischen Museen, als Abertausende von Objekten aus der ganzen Welt in ihre Depots gelangten, besonders zwischen 1860 und 1914. In Europa gehen die Museen überaus diskret mit dieser dritten Zeitlichkeit um, sie halten sie lieber verdeckt, sie gehört zum Insiderwissen. Natürlich messen sich die Folgekosten einer intransparenten Provenienzpolitik in Museen nicht in Dollar oder Euro. Es sind gesellschaftliche und politische Kosten, die entstehen, wenn eine Gesellschaft sich ihrer Vergangenheit nicht annehmen will oder kann. Die Erwerbsbedingungen ihrer Kunstwerke und Objekte aufzuklären und offenzulegen, muss zum Standard jedes einzelnen Museums werden. Aus Insiderwissen muss öffentliches Wissen werden. Man kann es nicht oft genug wiederholen: Es geht nicht darum, die ästhetische, kulturelle, religiöse Dimension von Objekten durch ein ausschließliches Interesse für ihr »Zu-uns-gekommen-Sein« zu ersetzen. Es geht um zusätzliche Aufklärung, um kollektive Verortung, um Erkenntnis. Von der Bereitschaft der Museen, die Geschichte ihrer Sammlungen für alle sichtbar zu machen, hängt ihre gesellschaftliche Akzeptanz ab.

Innenschau, drittens, ist kein monologischer Selbstprüfungsakt. Es gilt, unverzüglich, ohne falsche Vorspiegelungen und nicht nur, weil es *public relations strategies* nahelegen, um die Museen besser aussehen zu lassen, mit Menschen aus all den Regionen der Welt, aus denen Objekte zu uns gelangten, über die Zukunft unserer, d. h. auch ihrer Sammlungen zu sprechen. Menschen aus Afrika, dem Nahen Osten, Südamerika, Asien, Ozeanien. Intellektuelle, politisch Verantwortliche, Museumsleute, Vertreterinnen und Vertreter von Dörfern oder Gruppen, Juristen und Aktivisten, Kunstförderer, Lehrende, Künstler, die in weiter Ferne leben oder hier in der Diaspora. Wir haben viel zu lernen von denen, die uns so bereichert haben. Und so lange die Polyphonie unser aller Stimmen nicht allgemein vernehmlich ist, gibt es keine Möglichkeit, sich über die Zukunft von Museen und Sammlungen zu verständigen; eine Zukunft, die wir nicht allzu strategisch, politisch oder ökonomisch denken wollen, sondern kulturell, in der ursprünglichen Bedeutung des

lateinischen Verbs »colere«: »pflegen«, »bebauen«
und »ehren«.

Innenschau, letztens, schließt luzide Träume
nicht aus. Wir dürfen, ja wir müssen träumen;
für die Zukunft des Kulturerbes aller Kontinen-
te noch ungedachte juristische Konstruktionen
ersinnen; neue Formen von Partnerschaften;
flexible, an die Realitäten unterschiedlicher Regionen angepasste Ausstellungsmodelle; glück-
liche und einvernehmliche Restitutionen von
Kulturgütern in Betracht ziehen, die im Interesse der Völker wie auch der Objekte erfolgen sol-
len. Wir müssen im Großen und im Kleinen
denken, auf lange und auf kurze Sicht. Und gewiss wird man museologische Selbstverständlichkeiten und Tabus infrage stellen müssen
und sorgfältig auf die kollektiven Emotionen
achten, die der Umgang mit kulturellen Gütern
immer auslöst. Diese Arbeit kann gelingen,
wenn sie von einer ernsthaften Freude am Ge-
stalten getragen ist, einer verantwortungsvollen,
klugen und überlegten Freude, die allein diesem
großen Projekt des 21. Jahrhunderts eine Seele
zu verleihen vermag. Denn tatsächlich können
gerade die Museen uns dabei helfen, praktisch
nachzuvollziehen, wozu Achille Mbembe uns
auffordert:

»Als die Eigentümer, die wir alle sind, mit der größtmöglichen Verantwortung eine Vielzahl von Positionen durchschreiten, aber in einem Verhältnis absoluter Freiheit und, wenn nötig, der Distanz. In diesem vom Übersetzen getragenen Prozess, in dem es auch zu Konflikten und Missverständnissen kommen kann, werden sich bestimmte Fragen von selbst lösen. Die Bedingungen, wenn schon nicht einer neuen Universalität, so zumindest einer Vorstellung einer Erde, die wir als eine allen gemeinsame Grundlage teilen, werden sich relativ deutlich herauskristallisieren.«[40]

Das sind, meine Damen und Herren, die Gedanken und Wünsche, die mir heute, nach vielen Jahren intensiver Forschung über die Geschichte des Menschheitserbes in den europäischen Museen in den Sinn kommen. Und wäre ich hier alleine und wäre der Anlass zu dieser Vorlesung nicht so feierlich und würde ich nicht fürchten, ihnen wunderlich vorzukommen, dann würde ich mich zu meinen drei Freundinnen hier beugen und sie, den Ägypter, den Italiener und den Kameruner, vorsichtig fragen, was sie von dem Ganzen halten. Ob Sie mir glauben oder nicht – sie würden mir leise antworten: »Die Trennlinie verläuft nicht zwischen den Europäern und den Anderen. Sie verläuft zwischen den Sterblichen (das seid Ihr) und den Unsterblichen (uns).«

Anmerkungen

1 Henri Focillon, *Piero della Francesca*, Paris 1952, S. 7.

2 Siehe u. a. Barbara Cassin, *Éloges de la traduction. Compliquer l'universel*, Paris 2016.

3 Vgl. Art. »Expatriation«, »Expatrié« in: *Dictionnaire universel françois et latin. Contenant la signification et la définition [...] des mots de l'une et de l'autre langue*, Bd. 3, Paris ^{4}1752, S. 1256b.

4 Vgl. Pierre Harter, *Arts anciens du Cameroun*, Paris 1986.

5 Vgl. Lothar Lambacher (Hg.), *Staatliche Museen zu Berlin. Dokumentation der Verluste. Skulpturensammlung*, Band VII, *Skulpturen. Möbel*, Berlin 2006, S. 148. Die Skulptur wurde von Wilhelm von Bode 1897–98 erwähnt; sie findet sich auch in dem Katalog von Frida Schottmüller, *Die Bildwerke in Stein, Holz, Ton und Wachs*, Berlin/Leipzig ^{2}1933, S. 106 f., und in dem Katalog des Kaiser Friedrich Museumsvereins, vgl. ders. (Hg.), *100 Jahre Mäzenatentum. Die Kunstwerke des Kaiser-Friedrich-Museums-Vereins*, Berlin 1997, S. 231. Ich danke Neville Rowley für diese wertvollen Informationen.

6 Krzysztof Pomian, *Collectionneurs, amateurs et curieux. Paris, Venise: XVIe–XVIIIe siècle*, Paris 1987, S. 42.

7 Siehe Michel Espagne und Michael Werner (Hg.),

Transfers. Les relations interculturelles dans l'espace franco-allemand (xviiie–xixe siècles), Paris 1988; Michel Espagne, *Les transferts culturels franco-allemands*, Paris 1999.

8 Marc Fumaroli, *Quand l'Europe parlait français*, Paris 2001.

9 Charlotte Guichard, »L'amateur d'art est-il un artiste? Les usages sociaux et politiques du goût au xviiie siècle«, Vortrag, gehalten im Seminar von Jacqueline Lichtenstein, *Figures de l'amateur*, am 13. Mai 2008 im Beaubourg/Centre Pompidou, Institut de recherche et d'innovation.

10 Charles-Louis de Montesquieu, *Meine Reisen in Deutschland 1728–1729*, Stuttgart 2014, S. 126.

11 Pierre-Jacques-Onésyme Bergeret de Grancourt, *Bergeret et Fragonard. Journal inédit d'un voyage en Italie. 1773–1774*, Paris 1895, S. 410.

12 François-Antoine Boissy d'Anglas, *Courtes observations sur le projet de décret présenté au nom du Comité d'instruction publique sur le dernier degré d'instruction, adressées à la Convention nationale*, Paris, 28. Germinal im Jahr II (17. April 1794), S. 164, zitiert nach Édouard Pommier, *L'Art de la liberté. Doctrines et débats de la Révolution française*, Paris 1991, S. 161.

13 Zur Triade des Augustinus vgl. Aurelius Augustinus, *Suche nach dem wahren Leben (Confessiones X/Bekenntnisse 10)*, Hamburg 2006, Nr. 41, S. 59; siehe auch Augustinus, *De Vera Religione. Die Wahre Religion*, in: ders., *Augustinus Opera – Werke*, Bd. 68, hrsg. von Josef Lössl, Paderborn 2007, Kap. 38, Nr. 69–70, S. 195 f.; die Triade stützt sich auf die *Briefe des Johannes* (1. Brief, Kap. 2, Vers 16) und wurde wiederaufgenommen in den

Pensées von Blaise Pascal: Blaise Pascal, *Pensées – Gedanken*, Darmstadt 2016, S. 252: »Alles was in der Welt ist, ist Begierde des Fleisches oder Begierde der Augen oder Stolz auf den Besitz. Libido sentiendi, libidio sciendi, libido dominandi.« Zum Vergleich von Augustinus und Pascal, vgl. Philippe Sellier, *Pascal et Saint Augustin*, Paris 1970. S. 169–196.

14 Maurice Agulhon, »La ›statuomanie‹ et l'histoire«, in: *Ethnologie française* Bd. 8, Nr. 2/3 (1978), S. 142–172, hier S. 165.

15 Vgl. Pierre Vidal und Christian Kempf, *Frédéric-Auguste Bartholdi. 1834–1904. Par la main, par l'esprit*, Lyon 1994.

16 Vgl. *Le Souvenir du jamais vu*, Tagung konzipiert und organisiert von Karine Winkelvoss und Andreas Beyer am Deutschen Forum für Kunstgeschichte, Paris, 16. und 17. Mai 2014. Benjamin spricht von »Bilder[n], die wir nie sahen, ehe wir uns ihrer erinnerten«, in: Walter Benjamin, »Aus einer kleinen Rede über Proust, an meinem vierzigsten Geburtstag gehalten«, in: ders., *Gesammelte Schriften*, hrsg. von Rolf Tiedemann und Hermann Schweppenhäuser, Bd. II.3, Frankfurt/M. 1977, S. 1064–1065, hier S. 1064.

17 Siehe Barbara Cassin und Danièle Wozny (Hg.): *Les intraduisibles du patrimoine en Afrique subsaharienne*, Paris 2014.

18 Vgl. Dominique Poulot, *Musée, nation, patrimoine. 1789–1815*, Paris 1995.

19 Vgl. Véronique Long, »Les collectionneurs d'œuvres d'art et la donation au musée à la fin du xixᵉ siècle. L'exemple du musée du Louvre«, in: *Romantisme* Jg. 31, Nr. 112 (2001), S. 45–54; Véro-

nique Long, »Les collectionneurs juifs parisiens sous la IIIe République (1870–1940)«, in: *Archives juives* Jg. 42, Nr. 1 (2009), S. 84–104.

20 Vgl. {www.culture.gouv.fr/documentation/mnr/MnR-pres.htm} (letzter Zugriff am 12.06.2017).

21 Vgl. Alain Schnapp, *La conquête du passé. Aux origines de l'archéologie*, Paris 1993; Ève Gran-Aymerich, *Les Chercheurs de passé. 1798–1945. Aux sources de l'archéologie*, Paris 2007.

22 »In diesem Umkreis bildet Benin die Enklave einer relativen Hochkultur, deren Geschichte noch ein Rätsel ist, das nach einer Lösung verlangt«. Eckart von Sydow, »Bronzen aus Benin«, in: *Die Kunst für Alle*, Jg. 47, H. 12 (1932), S. 378–380, hier S. 380; Zur Geschichte der »Benin-Bronzen« vgl. Jeanette Greenfield, *The Return of Cultural Treasures*, New York ³2007, S. 124–128.

23 Paul Valéry, *Die Krise des Geistes. Drei Essays*, Frankfurt/M. 1956, S. 16. Vgl. die Auseinandersetzung Achille Mbembes mit dieser Passage in: Achille Mbembe, *Politiques de l'inimitié*, Paris 2016, S. 98 ff.

24 Ḥasan Tawfīq al-'Adl, *Riḥlat Ḥasan Afandī Tawfīq al-'Adl, 1887–1892*, Kairo 2008, S. 279–288; zitiert nach Bénédicte Savoy und Philippa Sissis (Hg.), *Die Berliner Museumsinsel. Impressionen internationaler Besucher (1830–1990). Eine Anthologie*, Köln 2013, S. 103–107, hier S. 105.

25 »And snatch'd thy shrinking Gods to northern climes abhorr'd!« George Gordon Byron, *Childe Harold's Pilgrimage*, in: Lord Byron, *The Complete Poetical Works*, hrsg. von Jerome J. McGann, Bd. 2, Oxford 1980, S. 3–186, hier S. 49.

26 Antoine Chrysostôme Quatremère de Quincy,

Lettres sur le préjudice qu'occasionnerait aux arts et à la science le déplacement des monuments de l'art de l'Italie, dites Lettres à Miranda, hrsg von Édouard Pommier, Paris 1989, Brief IV, S. 109–116, hier S. 116. Dt. zitiert nach: ders., »Ueber den nachtheiligen Einfluss der Versetzung der Monumente aus Italien auf Künste und Wissenschaften (1796)«, in: *Schriften der Winckelmann-Gesellschaft*, Bd. 16 , Stendal 1998, S. 24.

27 Victor Hugo, »L'expédition de Chine – au capitaine Butler, Hauteville House, 25 novembre 1861«, in: ders., *Actes et Paroles*, Bd. II, *Pendant l'exil (1852–1870)*, wiederabdruck in: Émile Testard (Hg.), *Edition Nationale. Victor Hugo*, Bd. 40, Paris 1894, S. 253–256.

28 »Faut-il brûler le Louvre?«, zweiteilige Umfrage der Zeitschrift *L'Esprit nouveau* H. 6 (1920), S. 1–8, und H. 8 (1921), S. 960–962.

29 Paul Valéry, »Das Problem der Museen«, in: Kristina Kratz-Kessemeier, Andrea Meyer und Bénédicte Savoy (Hg.), *Museumsgeschichte 1750–1950. Kommentierte Quellentexte* , Berlin 2010, S. 187–191, hier S. 188

30 Carl Einstein, »Das Berliner Völkerkunde-Museum. Anläßlich der Neuordnung«, in: *Der Querschnitt* H. 8 (1926), S. 588–592, hier S. 590.

31 Guillaume Apollinaire, »La Revue Blanche: Pergamon«, in: Bénédicte Savoy und Philippa Sissis (Hg.), *Die Berliner Museumsinsel. Impressionen internationaler Besucher (1830–1990). Eine Anthologie*, Köln 2013, S. 165–167.

32 Richard Strauss und Romain Rolland, *Correspondance/Fragments de Journal*, Bd. 3, Paris 1950, S. 136 f., zitiert nach Willi Schuh, »Das Szenarium

und die musikalischen Skizzen zum Ballett *Ky-there*«, in: ders. (Hg.), *Richard Strauss-Jahrbuch 1959/60*, Bonn 1960, S. 59–98, hier S. 84 f. Herzlichen Dank an Wolf Lepenies für diesen Hinweis.

33 Richard Strauss, Tagebucheintrag vom 17. Mai 1900, zitiert nach ebd., S. 85.

34 Vgl. ebd.

35 Pierre Rosenberg, *Dictionnaire amoureux du Louvre*, Paris 2007, S. 901.

36 Lisbeth Stern, »Ägyptische Funde«, in: *Sozialistische Monatshefte* 26 (1913), S. 1720 f.

37 André Derain an Henri Matisse, am 6. März 1906, zitiert in: Rémi Labrusse, *Matisse. La condition de l'image*, Paris 1999, S. 52; vgl. außerdem Philippe Dagen (Hg.): *André Derain. Lettres à Vlaminck*, Paris 1994, S. 173 f.; ders., *Le peintre, le poète, le sauvage. Les voies du primitivisme dans l'art français*, Paris 2010.

38 Walter Benjamin, »Über den Begriff der Geschichte«, in: ders., *Gesammelte Schriften*, hrsg. von Rolf Tiedemann und Hermann Schweppenhäuser, Bd. I.2., Frankfurt/M. 1991, These VII, S. 696.

39 Pierre de Gorsse, *L'Elginisme*, Toulouse 1927, hier S. 8–12.

40 Achille Mbembe, *Politiques de l'inimitié*, Paris 2016, S. 178.

Bildnachweise:

S. 10: Foto © Patrick Imbert/Collège de France, 2017.

S. 12: Foto © Patrick Imbert/Collège de France, 2017.

S. 14: Foto © Patrick Imbert/Collège de France, 2017.

S. 27: Zeichnung von Sellier, erschienen in: *Le Magasin pittoresque* Bd. XLIV, Juli 1876, S. 233.

S. 36: aus: Eckart von Sydow, »Bronzen aus Benin«, in: *Die Kunst für Alle*, Jg. 47, H. 12 (1932), S. 379.

S. 45: Fotomontage unter dem Titel »Portraits of 1370 B. C. from an Egyptian studio« aus: *Illustrated London News* vom 19 März 1927, S. 3.

Vierte Auflage Berlin 2021
Copyright © der deutschen Ausgabe 2018
MSB Matthes & Seitz Berlin
Verlagsgesellschaft mbH
Göhrener Str. 7 | 10437 Berlin
info@matthes-seitz-berlin.de
Copyright © der bearbeiteten französischen
Originalausgabe 2017
Objets du désir, désir d'objets
Librairie Arthème Fayard et Collège de France, 2017.
Alle Rechte vorbehalten.
Satz: psb, Berlin
Druck und Bindung: Art druk, Szczecin
Umschlaggestaltung nach einer Idee von Pierre Faucheux
ISBN 978-3-95757-568-5
www.matthes-seitz-berlin.de

Kulturgeschichte bei Matthes & Seitz Berlin

Neil MacGregor
Globale Sammlungen für globalisierte Städte
Aus dem Engl. von Stefanie Rentsch
58 Seiten, Reihe Fröhliche Wissenschaft
ISBN: 978-3-95757-138-0
Preis: 10,00 €

Ob Berlin, London oder Singapur: Jede Metropole vereint Menschen aus der ganzen Welt mit ihren unterschiedlichen Traditionen, Religionen und Sprachen. Auch die großen Museen spiegeln diese kulturelle Vielfalt der Welt wieder, stammen ihre Sammlungen doch ebenfalls aus aller Welt. Das Verhältnis der urbanen Vielfalt zu den globalen Sammlungen wirft die Frage auf, welche Rolle Museen in der modernen Stadt spielen. Beziehen sie die Menschen aus den Kulturen, aus denen ihre Objekte stammen, ein? Welche bürgerschaftlichen Aufgaben übernehmen Museen in der globalisierten Welt?

Matthes & Seitz Berlin

Kulturgeschichte bei Matthes & Seitz Berlin

Arno Bertina
Mona Lisa in Bangoulap
Die Fabel vom Weltmuseum
Aus dem Frz. und mit einem Nachwort
von Bénédicte Savoy
75 Seiten, fester Einband mit Schutzumschlag
ISBN: 978-3-95757-346-9
Preis: 12,00 €

Was wäre, wenn bei der französischen Kultur-
verwaltung eines Tages ein Brief aus Kamerun ein-
träfe, in dem die Kameruner freien Eintritt für das
Pariser Museum für außereuropäische Kunst for-
dern, weil sie sich weigern, Geld für die Betrachtung der Kunstwerke ihrer eigenen Vorfahren aus-
zugeben?
Eine leichtfüßige Fabel über das schwere Erbe des
Kolonialismus in unseren Museen und darüber
hinaus – mit einer zukunftsweisenden Pointe als
Vorschlag der Versöhnung: dem grenzenlosen
Weltmuseum.

Matthes & Seitz Berlin

Kulturgeschichte bei Matthes & Seitz Berlin

Jürgen Goldstein
Blau
Eine Wunderkammer seiner Bedeutungen
233 Seiten, mit flexiblem Leinenband
ISBN: 978-3-95757-383-4
Preis: 20,00 €

Die Welt, in der wir leben, ist an vielen Stellen in sattes Blau getaucht: Die Tiefe und Kraft jener Farbe entspringt den Bedeutungen, die wir ihr zuschreiben: Freiheit, himmlische Weite und Sehnsucht. Wie eine Wunderkammer versammelt dieses gelehrte und elegant verfasste Buch die verschiedensten Fundstücke dieser geheimnisvollen und berührenden Farbe.
Nominiert für den Bayerischen Buchpreis 2017 in der Kategorie Sachbuch.

Matthes & Seitz Berlin